NATIONAL
GEOGRAPHIC

School Publishing

Resolver problemas matemáticos

Jason Roberts

PICTURE CREDITS

Cover, 11 (above), Foodcollection.com/Alamy; 1, 8-9, 12-13 (above), APL/Corbis; 2, 10-11 (below), BananaStock/Alamy; 4, 6 (left), 18-19, 20, Photolibrary.com; 5, 7 (right), 11 (right), 19 (right), 21, Getty Images; 6 (right), Comstock Images/Alamy; 7 (left), Eureka/Alamy; 7 (center), imagebroker/Alamy; 12-13 (below), 14-15, 15 (right), Ibis for Kids Australia; 16-17, Michael Newman/PhotoEdit.

Produced through the worldwide resources of the National Geographic Society, John M. Fahey, Jr., President and Chief Executive Officer; Gilbert M. Grosvenor, Chairman of the Board.

PREPARED BY NATIONAL GEOGRAPHIC SCHOOL PUBLISHING

Steve Mico, Executive Vice President and Publisher, Children's Books and Education Publishing Group; Marianne Hiland, Editor in Chief; Lynnette Brent, Executive Editor; Michael Murphy and Barbara Wood, Senior Editors; Nicole Rouse, Editor; Bea Jackson, Design Director; David Dumo, Art Director; Shanin Glenn, Designer; Margaret Sidlosky, Illustrations Director; Matt Wascavage, Manager of Publishing Services; Sean Philpotts, Production Manager.

SPANISH LANGUAGE VERSION PREPARED BY
NATIONAL GEOGRAPHIC SCHOOL PUBLISHING GROUP

Sheron Long, CEO; Sam Gesumaria, President; Fran Downey, Vice President and Publisher; Margaret Sidlosky, Director of Design and Illustrations; Paul Osborn, Senior Editor; Sean Philpotts, Project Manager; Lisa Pergolizzi, Production Manager.

MANUFACTURING AND QUALITY MANAGEMENT

Christopher A. Liedel, Chief Financial Officer; George Bounelis, Vice President; Clifton M. Brown III, Director.

BOOK DEVELOPMENT

Ibis for Kids Australia Pty Limited.

SPANISH LANGUAGE TRANSLATION

Tatiana Acosta/Guillermo Gutiérrez

SPANISH LANGUAGE BOOK DEVELOPMENT

Navta Associates, Inc.

Published by the National Geographic Society
Washington, D.C. 20036-4688

ISBN: 978-0-7362-3870-0

Printed in Canada

12 11 10 09 08

10 9 8 7 6 5 4 3 2

Contenido

Había 24 estudiantes en el autobús.

9 estudiantes se bajaron.

¿Cuántos estudiantes quedan en el autobús?

Hay 40 fresas en el tazón.
4 personas se las reparten a partes iguales.
¿Cuántas fresas le tocan a cada persona?

Suma +

Podemos **resolver** algunos problemas matemáticos usando la suma. Cuando **sumamos** varios números, hallamos el total de esos números.

Un problema para resolver

Todos los años, la clase de la señorita Chan organiza un desfile de mascotas. Este año había 10 perros, 5 gatos, 5 peces y 2 cobayas.

¿Cuántas mascotas había en total?

Resolver el problema

A veces podemos resolver un problema mentalmente.

Rita necesita calcular cuántos animales había en el desfile de mascotas.

10 más 5 son 15.
Y 5 más son...

¿Cómo resolverían *ustedes* este problema?

Resta —

Podemos resolver algunos problemas matemáticos usando la resta.
Cuando **restamos,** hallamos la diferencia entre dos números.

Un problema para resolver

En clase de gimnasia, Hannah pateó el balón a 27 pies. Martín lo pateó a 19 pies.

¿A cuántos pies más pateó Hannah el balón?

Resolver el problema

A veces, usamos papel y lápiz para ayudarnos a resolver un problema.

27 pies
− 19 pies
———

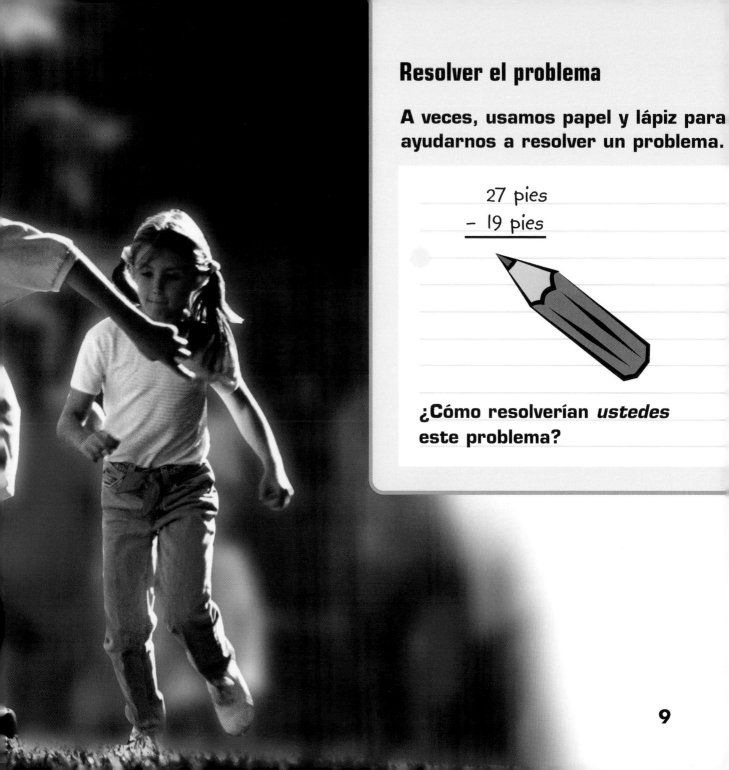

¿Cómo resolverían *ustedes* este problema?

9

Multiplicación ✕

Podemos resolver algunos problemas matemáticos usando la multiplicación. Cuando **multiplicamos,** combinamos grupos del mismo tamaño y hallamos el total.

Un problema para resolver

Es el día de comer *pizza* en la clase de la señorita Chan. Ella pidió 5 *pizzas.* Cada *pizza* tiene 8 porciones.

¿Cuántas porciones de *pizza* hay en total?

Resolver el problema

Necesitamos determinar si hay que sumar, restar, multiplicar o dividir.

Cada *pizza* tiene el mismo número de porciones. Puedo multiplicar para averiguar cuántas porciones hay en total.

¿Cómo resolverían *ustedes* este problema?

División ÷

Podemos resolver algunos problemas matemáticos usando la división. Cuando **dividimos,** separamos cosas en grupos del mismo tamaño.

Un problema para resolver

El señor Pérez tiene 4 estudiantes en su grupo de arte. Tiene 32 marcadores. Dio a cada estudiante el mismo número de marcadores.

¿Cuántos marcadores recibió cada estudiante?

Resolver el problema

Podemos hacer un dibujo para resolver algunos problemas.

En este dibujo, las rayas representan marcadores.

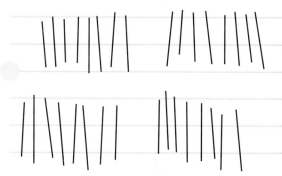

¿Cómo resolverían _ustedes_ este problema?

13

Números grandes

Para mostrar cantidades grandes, necesitamos usar números grandes. A veces, estos números son **centenas**. Otras veces son **millares** o incluso **millones**.

Números	Números en palabras
100	una centena
1,000	un millar
10,000	diez millares
100,000	cien millares
1,000,000	un millón

En este bote hay 100 caramelos.

En este bote hay
1,000 caramelos.

En cada bote hay
1,000 caramelos.
Hay 10,000 caramelos
en total.

15

Algunos problemas matemáticos contienen números grandes. Podemos sumar, restar, multiplicar y dividir números grandes.

Un problema para resolver

Abril fue el mes del ejercicio en la Escuela Arce. Pat dio 50 saltos cada día de clases.

¿Cuántos saltos dio Pat en 19 días de clase?

Resolver el problema

Podemos usar una calculadora para resolver los problemas con números grandes.

¿Cómo resolverían *ustedes* este problema?

Tiempo

Algunos problemas matemáticos tienen que ver con **horas** y **minutos.** ¿Usarían la suma, la resta, la multiplicación o la división para resolver este problema relacionado con el tiempo?

Un problema para resolver

Después de clases, Jamal fue a casa de Tom. Jamal llegó a las 3:00. Jugaron baloncesto y estudiaron. Después, Jamal se fue a casa a las 5:30.

¿Cuánto tiempo estuvo Jamal en casa de Tom?

Resolver el problema

Podemos usar objetos reales para ayudarnos a resolver problemas matemáticos.

¿Cómo resolverían *ustedes* este problema?

Había 24 estudiantes en el autobús.

9 estudiantes se bajaron.

¿Cuántos estudiantes quedan en el autobús?

centena

dividir

hora

millar

millón

minuto

multiplicar

resolver

restar

sumar

Hay 40 fresas en el tazón.
4 personas se las reparten a partes iguales.
¿Cuántas fresas le tocan a cada persona?

21

Glosario

CONCEPTO CLAVE
100

centena (página 14)
Una centena se escribe 100
En el bote cabe una centena de caramelos.

CONCEPTO CLAVE
÷

dividir (página 12)
Separar cosas en grupos del mismo tamaño
Podemos dividir 32 marcadores en 4 grupos iguales.

CONCEPTO CLAVE

hora (página 18)
Medida de tiempo
En un día hay 24 horas.

CONCEPTO CLAVE
1,000

millar (página 14)
Un millar se escribe 1,000
En el bote cabe un millar de caramelos.

CONCEPTO CLAVE
1,000,000

millón (página 14)
Un millón se escribe 1,000,000
En el bote no cabe un millón de caramelos.

multiplicar (página 10)
Combinar grupos del mismo tamaño y calcular el total
Podemos multiplicar las 5 *pizzas* por las 8 porciones que tiene cada una.

minuto (página 18)
Medida de tiempo
En una hora hay 60 minutos.

resolver (página 6)
Hallar la respuesta a un problema
Podemos resolver problemas mentalmente.

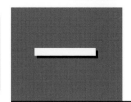

restar (página 8)
Hallar la diferencia entre dos números
Cuando restamos 2 de 8, la diferencia es 6.

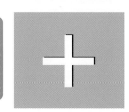

sumar (página 6)
Averiguar cuántos hay en total
Cuando sumamos 2 más 2, el total es 4.

Índice